44
Lb 469.

DISCOURS
DE
Te Deum
POUR LA CONQUÊTE
DE DANTZICK,

Prononcé le 28 Juin 1807,

D'APRÈS L'INVITATION DU GOUVERNEMENT,

DANS L'ÉGLISE RÉFORMÉE, CONSISTORIALE, DE NANTES,
PAR M.r PIERRE DE JOUX,

Président du Consistoire général de la Loire-Inférieure et de la Vendée ; Membre de la Société des Sciences et des Arts de la Loire-Inférieure, et de l'Académie Celtique, séant à Paris.

A NANTES,
De l'Imprimerie de BRUN, vis-à-vis la Bourse, n.º 5.

DISCOURS
DE

POUR LA CONQUÊTE DE DANTZICK.

TEXTE.
> L'Eternel fera cesser les guerres jusqu'au bout de la terre habitable ; l'Eternel rompra les arcs, il brisera les lances, il brûlera les chariots de feu : cessez, dira-t-il, cessez de combattre, et reconnoissez que je suis Dieu ; je serai glorifié par les peuples.
>
> PSEAUME XLVI, v. 10 et 11.

EXORDE. HENRI IV avoit conçu le projet d'établir en Europe une paix perpétuelle, et NAPOLÉON veut réaliser ce sublime projet. — N'est-il pas dans la nature des choses, dans l'esprit de la Religion et dans celui des Sociétés? et ne seroit-ce point à l'avarice ambitieuse et jalouse, ne seroit-ce point à la perversité de quelques Gouvernements, qu'il faudroit uniquement attribuer ces guerres interminables qui contrarient les paisibles fins de l'ordre social, et qui, sans l'ascendant heureux que donne aux armées françaises la divine Providence, reproduiroient la première barbarie au sein même de la civilisation, et ramèneroient l'homme à l'état de nature, où la main d'un seul est levée contre tous, et où la main de tous est levée contre un seul ?

Pour répondre à ces questions de la plus haute importance, j'ouvre les archives du genre humain; et je vois l'injuste, dès la naissance de l'univers, tremper ses barbares mains dans le sang du juste : bientôt un concours d'hommes armés m'annoncent les combats, le glaive se tire, de l'arc tendu il se décoche des traits meurtriers, les chariots de feu et les lances étincellent; les hameaux sont saccagés; les troupeaux, paissant dans les riantes prairies, deviennent la proie du ravisseur cruel; et les campagnes, fertilisées par les travaux infatigables des cultivateurs, se jonchent de leurs cadavres. — Je frémis à ce tableau; je verse des larmes, il me pénètre à la fois d'étonnement et de compassion : je me demande s'il est vrai que l'homme doive nécessairement se revêtir d'armes offensives contre son semblable, et si tous les humains sont destinés à devenir les uns envers les autres les ministres de la mort.....

Je resserre en un seul point la perspective sombre qui afflige ma pensée; et, pour me rapprocher de l'objet de cette convocation, je jette mes regards sur les Isles Britanniques. — L'étendue de sept lieues, un bras de mer, dont les ondes fraternelles distinguent et réunissent deux nations généreuses, leur offre, mais inutilement, les plus faciles communications; il les invite, mais en vain, à s'enrichir l'une et l'autre par l'échange mutuel de leur industrie et de leurs denrées; toujours, toujours, je ne sais quelle inexplicable fatalité, je ne sais quelle rencontre fâcheuse de conjonctures, quel génie malfaisant divise, exaspère, convertit en d'implacables ennemis ces peuples de frères que des intérêts communs devoient unir pour jamais.

Dès le quatorzième siècle, je vois naître cette déplorable rivalité qui a inondé de pleurs et de flots de sang et la France et l'Angleterre, qui a fait partager au monde déchiré nos querelles et nos malheurs. Cinq cents années sont révolues, et nos plaies s'enveniment de nouveau, elles saignent encore; et le mobile Océan qui aime à transporter les navires, ces rapides courriers qui communiquent aux deux hémisphères les trésors et les sciences humaines, le sein majestueux de l'Océan s'est transformé pour nous en une lice homicide, en un goufre dévorant où se sont englouties les escadres, les richesses, les familles et les armées des deux pays.

N'y aura-t-il point de terme à cette lutte acharnée? n'existe-t-il donc dans l'ordre supérieur aucun moyen de nous réconcilier et d'éteindre une haîne toujours renaissante? Deux peuples éclairés et vertueux seroient-ils irrévocablement condamnés à se haïr, à se poursuivre à outrance, et à s'égorger? La RAISON répugne à cette humiliante et atroce conjecture; et la RELIGION d'un Dieu de charité proclame à tous ceux qui acquiescent à ses lois, une éternelle paix. — D'ailleurs le sage Monarque qui tient entre ses mains victorieuses les rênes de cet Empire, ne se lasse point de présenter le paisible olivier aux Gouvernements vaincus : il a ordonné que les Ministres de l'Evangile convocassent les fidèles dans les Temples ; il veut que, tous de concert, ils prient le Ciel, pour que le Cabinet Britannique, cet éternel ennemi de la Nation Française, cesse d'avoir de l'influence dans les Cabinets du Continent, afin qu'une paix solide et glorieuse permette, enfin, à NAPOLÉON de donner un plein essor aux projets utiles qu'il médite pour le bien de la Religion et pour celui des Français.

DIVISION. DANS le dessein de concourir à cette fin si ardemment désirée, et pour tranquilliser quelques esprits timorés qui ne voient plus de terme aux rixes sanglantes de la politique, j'ai entrepris de prouver,

I.er POINT. d'abord, que *l'ETAT DE L'HOMME, EN SOCIÉTÉ, EST UN ÉTAT DE PAIX* ; je dirai que ce n'est que dans l'état de nature, auquel le Dieu créateur ne destina point le genre humain, que ce n'est que dans la vie isolée et vagabonde, que l'homme fait la guerre à son semblable.

II.e POINT. Je montrerai ensuite que le Christianisme seul peut constituer une parfaite société, assise sur les bases d'une paix imperturbable ; et que s'il existe encore en Europe des Gouvernements qui se vouent, et par calcul, et par ambition, à nous faire une guerre perpétuelle, c'est que la bienfaisante et pacifique législation du Dieu des chrétiens n'est point encore entrée dans les plans mal concertés de leurs Cabinets ; c'est qu'ils tiennent encore plus ou moins à l'état de nature et aux penchants hostiles des peuples sauvages.

.e POINT.   Enfin, je consolerai vos cœurs par l'espérance d'une prochaine et durable paix affermie sur le règne heureux du Christianisme, qui perfectionnera le système général des sociétés ; espérance légitime, justifiée par l'intervention spéciale du Ciel, par les succès inouis qu'il a accordés à notre Monarque, par la conquête récente de Dantzick, dont la victoire à jamais mémorable de Friedland a été la conséquence.

er POINT.   DANS L'ETAT DE NATURE, L'HOMME FAIT LA GUERRE A L'HOMME : l'impulsion véhémente des besoins, des passions de l'ame, et des désirs sensuels, l'esprit d'indépendance et d'insubordination, l'ignorance, la foiblesse et l'anarchie, tout excite alors les infortunés mortels à s'entre-heurter, à se déposséder, et à se détruire : le droit du plus fort est leur unique loi, et les propriétés n'ont aucune garantie. — Aussi plusieurs tribus de Canadiens, les Caraïbes encore, et les Cannibales de l'Afrique ont-ils presque entièrement disparu ; ils se sont dévorés les uns les autres ; et il fut naguères des peuples errants et belliqueux, des hordes nombreuses de sauvages, dont il ne reste plus que le nom.

Voilà l'homme, néanmoins, l'homme d'une nature agreste et féroce, dans lequel seul les prétendus esprits forts reconnoissent la justice et la bonté ; tandis qu'ils soutiennent que la guerre, les vices et les forfaits sont une conséquence immédiate de la vie sociale : *l'homme est bon*, nous disent-ils, par une antithèse vicieuse, *l'homme est bon, mais les hommes sont mauvais.*

Maxime pernicieuse, opinion erronée, démentie par le fait, puisque, sans assemblage de familles, sans communautés, sans harmonie et sans pacte social, il n'existeroit plus d'espèce humaine; et que ce n'est que pour échapper à une totale destruction, que l'homme s'est mis en société. — Ainsi que des flèches, étroitement liées en un faisceau, ne peuvent se rompre; et que le moindre effort peut les briser, si on les a séparées : de même les mortels civilisés se sont réunis en corporations, pour éviter la guerre, et pour repousser les agresseurs; — ils ne se sont permis des conquêtes que pour s'indemniser de leurs pertes, et pour élever autour d'eux comme un rempart qui pût les préserver d'une invasion : — s'ils ont, enfin, soumis à leurs lois des voisins farouches et d'un contagieux exemple, ce fut par le plus légitime des motifs, ce fut pour tirer ces races hostiles et malheureuses de l'affreuse barbarie, ce fut pour étendre au loin le bienfait inestimable de la civilisation.

Oui, M. T. C. F., la paix et, avec elle, la douce sécurité, les vertus publiques et particulières, la jouissance tranquille de tous les biens sont le but que toute nation éclairée se propose et qu'elle recherche; et tout homme social ne souhaite, quand il a atteint le développement de ses nobles facultés, que d'achever paisiblement son honorable carrière, que de léguer à ses enfans un patrimoine légitimement acquis; que de prolonger, au-delà du tombeau, cette existence heureuse qu'il avoit commencée sur la terre: les moyens mêmes qu'il prend, pour parvenir à ce désirable but, prouvent encore la vérité que j'ai avancée; et comme l'obéissance aux lois, la soumission au Prince qui assure leur empire, le culte de la Religion qui leur prête son autorité, comme ces moyens infaillibles ne peuvent se pratiquer que dans un système légal de dépendance morale, de services mutuels, de devoirs et de concorde, ils servent à confirmer ce que j'ai dit, que L'ETAT DE SOCIÉTÉ EST UN ETAT DE PAIX.

Je n'ignore pas qu'on m'alléguera les siècles de discorde; je sais qu'on offrira, en opposition à mes principes, le sinistre tableau des révolutions, des perpétuels massacres, des envahissements qui ont précédé l'ère du Christianisme. — « Voyez les Egyptiens, me
» dira-t-on, voyez les Mèdes, les Assyriens, les Perses,
» et les Grecs ensuite, et les Romains, se disputer
» tour à tour le monde, et entretenir d'éternels com-
» bats. Comment ces peuples, qui étoient entrés dans
» l'ordre social, auroient-ils guerroyé sans relâche,
» si l'état de société étoit essentiellement un état de
» paix? » — Mais ils jouirent de la paix intérieure, répondrai-je; mais ils fleurirent au dedans, ils multiplièrent; et les monuments célèbres des sciences et des arts attestent encore leur prospérité : ce qui, certes, n'eût point été leur situation, s'ils fussent restés dans l'état de nature; et ce n'est qu'à l'état de société qui coordonna chaque tribu, chaque horde, pour un bonheur réciproque, que ces diverses nations durent leur accroissement.

Je dois en convenir avec vous, néanmoins, ces so-

B

ciétés encore imparfaites, ne connurent point les devoirs respectifs des familles de peuples; et le droit des gens leur fut absolument étranger, parce qu'elles ne rendirent point gloire au Législateur suprême, au Créateur de la paix, au tendre Père des hommes, qui ne fait acception d'aucun de ses enfans. — Les payens avoient divinisé les passions impétueuses; ils adoroient des Dieux que désavouoit l'humanité, et qu'ils se représentoient injustes, incestueux, bisarres et sanguinaires, tels que Pallas, Bellone et le furieux Mars, les monstrueuses idoles du vol, du meurtre et du brigandage. — Est-il surprenant, dès-lors, qu'ils praticassent les forfaits qu'ils avaient déifiés, et qu'ils se fissent entre eux, de peuple à peuple, et de société à société, des guerres interminables? Je dis plus: il eût été impossible de restreindre, de calculer les horribles résultats de ces continuelles hostilités; et elles auroient infailliblement ramené la première barbarie, dépeuplé les continents, reculé dans les antres des déserts les misérables restes de l'espèce humaine, s'il ne fût intervenu l'action directe d'un pouvoir supérieur; s'il ne s'élevoit, dans tous les temps, une force au-dessus de celle des hommes, une céleste législation dont rien ne sauroit enfreindre les décrets; si le Roi des siècles, en un mot, si le Monarque éternel, qui régit l'univers par des lois conservatrices, n'eût réprimé les peuples perturbateurs; s'il ne les eût forcés à expier leurs désordres, à redresser leurs penchans corrompus et dépravés, à se soumettre aux devoirs de la justice, à ce contrat inviolable d'association, qui devoit garantir la durée du monde politique, jusqu'à la venue du Libérateur universel, de celui auquel appartient l'assemblée des peuples, et qui vint, lorsque les temps furent accomplis, réunir, en un seul corps, les familles humaines, par les liens indissolubles de la charité.

« *Voyez comme ils s'aiment*, » s'écria-t-on alors, avec admiration, des mille milliers de chrétiens de nations, de mœurs et de langues différentes; « *ils n'ont » qu'un même esprit, qu'une même ame et qu'un même » cœur; c'est un peuple de frères!* » Voilà! voilà l'homme rétabli dans tout l'éclat de sa première destination, dans toute la grandeur de sa dignité morale! Voilà le règne heureux de la paix, et l'image de cette société parfaite, qui doit, de nos jours encore, lorsqu'on aura rendu à la Religion son influence victorieuse sur les cœurs, se constituer de nouveau sur cette terre.

D'après cette preuve de fait qui est connue de chacun de vous, il suffira d'un exposé succinct des grands principes et des conséquences du Christianisme, pour conclure que lui seul perfectionnera les sociétés, que lui seul effacera en elles jusqu'aux dernières traces de la barbarie; que lui seul, enfin, renouera ces rapports harmonieux auxquels se rattachent les destinées communes des peuples, et cimentera leur union dans le culte d'un même Sauveur, d'un même Père et d'un même Dieu.

II e POINT.   LES Anges du Seigneur, qui annoncèrent sa venue fortunée, proclamèrent aussi la nouvelle de la paix,

paix universelle, sincère et profonde paix chez toutes les nations, telle fut l'époque de la prédication de l'Evangile. — Telle sera, parmi nous, telle sera pour l'Europe l'époque du règne désiré de la RELIGION : à peine elle siégera sur les trônes et dans les Gouvernements, qu'avec ce nouveau siècle on verra renaître l'âge d'or; elle s'avance, et je vois déjà reparoître avec elle la sérénité, le calme et la paix; — elle s'avance, et je vois se fermer les horribles portes du temple de la guerre, je vois cesser les cruels combats; je vois se tarir ce fleuve débordé de sang et de larmes, et s'éteindre à jamais ces feux dévorants qui retraçoient sur ce globe malheureux l'image de l'enfer! — Oui, nous en avons pour garant les pensées du Monarque qui médite le bien de la Religion et le bonheur de ses Peuples; oui, cette Religion sainte refleurira sous la direction du Génie puissant qui gouverne les Français; elle bannira des nations ennemies les passions malfaisantes; elle étouffera en elles cette insatiable cupidité qui a répandu sur nos jours l'amertume et la douleur. — *L'on ne se souviendra plus des choses passées, et elles ne reviendront plus au cœur* : le monde politique sera créé une seconde fois pour n'être plus que paix, que bonheur et qu'alégresse.

Considérez, pour vous en convaincre, mes chers Auditeurs, combien cette doctrine admirable, qui nous porte à aimer Dieu par-dessus tout, à chérir les hommes comme nos frères, à diriger nos désirs de la terre vers le Ciel, considérez combien elle a mitigé la barbarie, calmé les agitations qui désoloient ci-devant le genre humain ! combien elle contribua à inspirer aux hommes cet esprit de bienveillance, ces vertueux sentiments, ces mœurs civilisées et pures, qui, chez les nations où l'Evangile a été reçu, prirent la place de leur première férocité. — Voyez combien le Christianisme a fait disparoître toutes les horreurs de l'état de guerre, et adouci la cruauté des combats ! — Aujourd'hui encore, chez les Musulmans et chez les Sauvages, comme autrefois chez tous les peuples payens, la guerre se fait à l'homme, au propriétaire, à la famille, autant et plus qu'à l'Etat ; on réduit cette dernière à un horrible esclavage ; on consume où l'on enlève ses propriétés, on rase les habitations paisibles, on laisse par tout des traces d'une irréparable désolation. Interrogez de nouveau l'histoire, et elle vous dira que les Romains faisoient passer au fil de l'épée des villes et des armées entières ; elle vous dira, que les héros Grecs les plus vantés prodiguoient l'injure et les imprécations avant la victoire, et qu'ils insultoient aux cadavres des vaincus ; elle vous dira, qu'ailleurs on faisoit mourir les prisonniers de guerre, qu'on détruisoit les moissons, les arbres et les bestiaux, qu'on empoisonnoit les sources ; que l'extermination, en un mot, étoit le but des pouvoirs belligérants. — Comparez ce système de carnage avec ces procédés généreux, qui, dans les sièges les plus opiniâtres et au milieu des combats, n'ont été connus que des peuples chrétiens : voyez-les respecter et les fortunes, et l'honneur, et la vie des familles ; voyez les vainqueurs panser les blessés, que le sort des armes fait tomber entre leurs mains ; et se faire pardonner la victoire par des ménagements délicats, par une clémence magnanime qui va souvent plus loin que les lois même de l'humanité.

Concluez, que, si le Christianisme a pu dicter, jusqu'au fort de la mêlée, ces sentiments de compassion, de mansuétude et de générosité, il tend d'une manière directe à anéantir les guerres, à réconcilier les nations, à réprimer leurs ambitions jalouses, à substituer à leurs haînes, à leurs fureurs, un esprit d'amour et de charité. — Accordez-moi, dès-lors, la conséquence de ce principe dont vous reconnoissez l'évidence ; convenez que rétablir la Religion, que lui rendre sur les cœurs son doux empire, c'est rétablir la paix ; c'est renouer ces liaisons fraternelles qui unissent entre elles les grandes sociétés, les branches nombreuses de la famille de Dieu répandue sur la terre.

Il est, néanmoins, je l'avoue, il est, aux assertions que j'ai faites, une objection que je ne saurois dissimuler. S'il étoit vrai, direz-vous peut-être, s'il étoit vrai que le Christianisme seul pût reconstituer la société sur la base éternelle de la paix, rendre le bonheur au monde, pourquoi dix-huit cents ans se seroient-ils écoulés sans obtenir ce précieux résultat ? Pourquoi l'Europe chrétienne auroit-elle été le théâtre des combats, l'arène sanglante, où les peuples divers, même ceux de l'Afrique et de l'Asie descendoient pour vider leurs différens, ou pour assouvir leur rage ? Pourquoi, aujourd'hui encore, serions-nous levés en armes pour nous frapper; et verroit-on le Nord et le Midi disputer de force et s'entre-choquer ensemble? Voilà, je pense, toute l'étendue de l'objection.

Oui nous sommes levés en armes, répondrai-je, mais nous voulons conquérir la paix, une paix solide, une paix glorieuse; ce n'est pas une paix de quelques jours; ce n'est pas une trêve insidieuse comme celle d'Amiens; ce n'est pas un traité tout illusoire, comme celui de Westphalie, dont les garants devenoient eux-mêmes les infracteurs; c'est une paix voulue par la presque totalité de l'Europe, cautionnée par une réunion invincible de pouvoirs, garantie par l'impossibilité absolue de la rompre. — Telle est la paix que veut NAPOLÉON, *qu'il a demandée au moment de vaincre, et qu'il redemande encore après avoir vaincu*; une paix, en un mot, par laquelle soient terminées ces guerres que l'on a vu renaître sans cesse, pour le tourment et le scandale de la chrétienté.

Oui, depuis dix-huit siècles, les semences divines de la vérité, les bases de toute société parfaite ont été jettées sur la terre; et le genre humain, dès-lors, a été constitué en ordre social, en une famille universelle, pour n'être qu'un seul corps, sous le pouvoir suprême du Père des hommes, et sous les lois saintes de la charité; — mais qui ne sait que l'éducation des peuples ne peut s'achever qu'après un long intervalle? qui ne sait, que s'il est un période de maturité pour les fruits, pour les productions de la terre; que si le palmier, entre autres, ne fleurit qu'après l'expiration de cent ans, et défie les siècles dans sa durée, il est aussi un période de maturité pour les vertus, pour les lumières, pour le perfectionnement de l'esprit humain; et que dix-huit siècles sont à peine suffisants pour élever des êtres d'une durée immortelle ?

Oui, depuis le règne illustre de Constantin, l'Evangile fut professé par les Maîtres de l'empire; mais qui ne sait que des essaims de guerriers cruels, sortis des forêts épaisses du Caucase et des bords du Pont-Euxin, qui ne sait que des torrents de barbares, sous la dénomination de Huns, de Gépides, de Vandales et de Goths, dans l'état de nature, et le plus sauvage abrutissement, inondèrent les belles contrées que dominoit Rome, qu'ils y fondèrent des gouvernements conformes à leurs mœurs; qu'ils forcèrent les habitants de l'Europe, amalgamés avec eux, à reconstruire péniblement et par degrés, l'édifice renversé de la civilisation ?

Qui ne sait, enfin, que l'intempérie de climats austères, que les localités et l'isolement peuvent influer sur le caractère des peuples reculés? soit que les glaces septentrionales leur aient interdit les douceurs d'une parfaite sociabilité, et que l'indigence d'un sol stérile les rende déprédateurs et farouches; soit que, circonscrits de tous côtés par les vagues bruissantes de la mer, ils soient, comme ses flots, perpétuellement agités et aussi mobiles qu'elle, qui ne sait qu'il est encore des Gouvernements aux extrémités du monde chrétien, qui ne sont pas entièrement sortis de l'état de nature, qui conservent plus ou moins ce caractère hostile de sauvageté ?

Certes, lorsque le Cabinet Britannique s'exempte, contre la foi des traités, du premier procédé de justice, d'humanité et de morale publique ; lorsqu'il se dispense de cet avertissement respectif que se doivent tous les chefs des nations, du devoir sacré de déclarer la guerre avant de la commencer ; lorsqu'il fait bombarder, sans compassion, une ville paisible et commerçante, affligée de la peste ; lorsqu'il se sert d'instruments de mort inusités, dont l'explosion perfide détruise les ports et dévore les familles ; lorsque ce Gouvernement, non encore satisfait d'avoir, et par l'épée, et par la famine, soumis à ses lois soixante et dix millions d'Indiens qui lui permirent d'établir chez eux des factoreries et des bureaux de commerce, garantis qu'ils se croyoient par les droits de l'hospitalité, lorsque ce même Gouvernement coalise, tour-à-tour, et stipendie à tout prix presque tous les peuples de l'Europe contre une généreuse nation, dont le courage et les ressources l'effrayent ; *lorsqu'il refuse d'être juste avec nous,* ce sont ses propres paroles, *parce que nous sommes puissants* ; lorsqu'il a osé proposer dans la chambre de son Parlement, de faire à l'Empire de la France une guerre éternelle,.... je le demande, par ces traits énormes d'inhumanité, le Cabinet Britannique ne prouve-t-il pas qu'il est encore dans l'état de nature ? ne publie-t-il pas, ainsi, hautement, qu'il se met hors de la ligne de la chrétienté, hors de cette association seule parfaite, qui recherche constamment la paix, qui ne fait la guerre que pour sa défense légitime ; et qui, même en la faisant, respecte les prérogatives de l'humanité ?   C

Un état de choses aussi préjudiciable, aussi violent, aussi contraire au repos de la société et aux principes du christianisme, peut-il durer davantage ? et ne touchons-nous pas au terme désiré de la guerre et des combats, c'est ce que semble nous annoncer l'évènement heureux pour lequel nous rendons à Dieu nos actions de graces ; et la prise ou plutôt la délivrance de Dantzick, ainsi que les victoires qui en sont la conséquence, paroissent être les gages et les avant-coureurs de la paix.

III.e POINT.

DÈS le début de cette campagne, la ville de Dantzick, place de guerre du premier rang, hérissée de remparts et de batteries, environnée d'impraticables marais, après quarante jours de tranchée, est tombée au pouvoir des armes de NAPOLÉON : d'immenses magasins de subsistances, le fort de Weichselmund, plus de huit cents pièces d'artillerie ont été le prix de la valeur, de la constance et de la fidélité de nos intrépides combattants, qui, entre les mains du magnanime Héros qui les guide à la victoire, ont juré de conquérir la paix, une paix générale, l'objet des vœux et des travaux de leur illustre Chef, et dont il veut faire, en notre faveur, son plus glorieux trophée.

Tout concourt, dans cet heureux évènement, à nous faire augurer les approches de la paix ; la force naturelle et le site important de cette belle cité, l'une des plus commerçantes et des plus riches du monde, les faciles communications qu'elle assure à nos convois, ses rapports immédiats avec la Pologne dont elle exporte les grains, ces circonstances diverses justifient le consolant espoir que nous a inspiré sa conquête : elle offroit à nos ennemis coalisés le point de rassemblement et le dépôt le plus sûr, elle étoit tout à la fois le grenier et l'arsenal de la Monarchie Prussienne, et le plus puissant boulevard qu'elle eût à nous opposer : ouverte sur la Baltique et à l'embouchure de la Vistule, elle fournissoit à ses premiers possesseurs des avantages qu'on ne sauroit calculer, les arrivages des flottes Anglaises, d'inépuisables sources d'approvisionnements qu'il leur faudra tirer désormais de la Russie.

Aussi se sont-ils efforcés de secourir et de sauver Dantzick ; aussi ont-ils défendu cette forteresse presque inexpugnable, avec la dernière opiniâtreté : soit néanmoins qu'ils se méfiassent les uns des autres, soit qu'ils n'eussent aucune confiance en leurs moyens, quelque nombreuse que fut leur armée, après avoir succombé, perdu l'élite de leurs Généraux et de leurs braves dans les plaines d'Eylan, ils n'ont osé risquer une affaire générale, pour faire lever le siège de cette place ; ils ont démontré par là leur infériorité, leur absolue impuissance ; s'enfonçant dans les marécages et dans les forêts, se rendant inaccessibles à nos troupes, ils sont demeurés dans une morne inaction, et NAPOLÉON les a vaincus sans combattre !

Que n'ont-ils persisté dans cette sage résolution, dans cette immobilité que leur dictoit la prudence ! mais l'or des Anglais, et la rage forcenée des partisans de la guerre les ont élancés de nouveau dans les combats, ont attiré d'irréparables échecs sur les armes Russes. — Du cinq au douze de Juin, cinq journées de désastres et de revers ont coûté à Pétersbourg des flots de sang et de larmes; et dans les affaires de Spanden, de Lomitten, de Deppen, de Glottau et de Heilsberg, la Russie a perdu plus de trente mille combattants: c'étoient les signes précurseurs de la grande bataille qui s'est livrée le quatorzième du même mois, jour anniversaire de celle de Marengo; c'étoient les prémices de cette victoire à jamais célèbre, remportée aux plaines de Friedland, à neuf lieues de Kœnigsberg, par NAPOLÉON, commandant en personne la grande armée. — Quatre-vingts pièces de canon tombées entre nos mains, trente mille Russes pris, ou tués, ou noyés dans la rivière de l'Alle; vingt-cinq de leurs Généraux subissant le même sort, les uns devenus nos prisonniers, les autres demeurés sur le champ de bataille, et entre ceux-ci Pahlen et Marcoff, les principaux instigateurs de la guerre; tels sont les résultats de la conquête de Dantzick, tels sont les fruits amers que la faction Anglaise a produits pour ses alliés crédules (*).

Reviendront-ils de cet état d'épouvante, de consternation et d'abattement? rallieront-ils leurs phalanges confondues, et se rangeront-ils encore en bataille

---

(*) La prise de la ville royale de Kœnigsberg; celle d'un parc considérable d'artillerie, de cent soixante mille fusils envoyés par l'Angleterre, de trois cents bâtiments Russes chargés de provisions; d'immenses richesses tombées entre nos mains; l'armistice, enfin, gage de la paix prochaine, et suite de la victoire de Friedland, tant de succès, aussi rapides qu'inouis, ont vérifié mes conjectures.

contre nous? ou, ce qui me paroît infiniment plus probable, craindront-ils de rallumer la foudre dont ils sont cicatrisés, et de tourner de nouveau, contre eux, des armes dont la force ne leur est que trop connue? à tant de défaites et de revers, sauront-ils enfin distinguer la présence auguste du Dieu des victoires qui s'est déclaré pour nous? et prendront-ils, vers leur capitale sans défense, une marche rétrograde que précipiteront, avec effroi, les attaques fréquentes de nos valeureux soldats impatients de terminer la querelle? Je ne sais; je ne préjuge ni les intentions, ni les ressources de nos ennemis, encore moins les conjonctures toujours incertaines..... Ici, ici, je me tiens devant l'impénétrable avenir, et je ne tenterai point de dérouler sa page mystérieuse: — mais, ne pouvant attribuer les succès si prompts et si éclatants, les conquêtes non interrompues de l'Empereur des Français qu'à cette protection spéciale dont la divine Providence lui a donné tant de preuves, je mets en elle toute ma confiance et tout mon espoir; je la prie de nous faire atteindre incessamment le grand et unique but de nos sacrifices et de nos victoires, une durable et glorieuse paix; je la prie instamment de veiller sur le bonheur de notre Patrie; je la prie avec ardeur de prévenir l'effusion ultérieure du sang, de désiller les yeux des partisans aveuglés de l'Angleterre; de leur inspirer de pacifiques résolutions, des mesures de prudence qui réunissent enfin les Princes du Continent pour leur conservation mutuelle, pour le bien de la Religion et pour celui de l'humanité.

L'Angleterre, alors, abandonnée à ses seules forces, se désistera de son système de dévastation, elle rompra le fragile tissu de ses intrigues ruineuses et inutiles; elle abjurera ses droits prétendus à la souveraineté de l'Océan, ses prétentions révoltantes à l'empire maritime, ses actes d'oppression bien plus révoltants encore, qui lui ont créé des ennemis par tout, et qui épuisent toujours davantage sa foible population, son commerce et ses trésors. — Elle reconnoîtra, que, par sa conduite anti-sociale et tyrannique, elle a amoncelé contre elle-même un orage de fleaux, une tempête effroyable de calamités et de haîne universelle, sous lesquels elle ne peut que périr, si elle ne prévient une chûte, autrement inévitable, par la réparation généreuse de ses torts, par une réconciliation sincère avec la France, par une équitable et solide paix.

Oui, toute mon ame embrasse cette flatteuse espérance, que je conjure le Ciel de réaliser à mes regards; oui, bientôt l'Angleterre, distinguée d'ailleurs par tant de vertus, par tant de lumières, par tant d'illustration dans les arts, partagera avec tous les peuples navigateurs, et le privilège du commerce, et le domaine des mers, qu'elle a affectés d'une manière exclusive, bien que le Père impartial de tous les humains les ait légués en commun à tous ses enfants; bientôt elle rentrera, et pour toujours, dans l'ordre parfait des sociétés chrétiennes; elle cédera à ce mouvement irrésistible qui entraîne l'univers, et qui, lui préparant de nouvelles destinées, amènera des siècles de paix, le retour de l'innocence, le règne de la Religion et du bonheur.

Dieu lui-même accomplira par nous ses plans de miséricorde, après avoir si constamment béni nos drapeaux, après avoir confirmé la justice de notre cause en favorisant nos armes, le Dieu de paix parlera de paix à nos ennemis; et la conséquence sera la même que lorsqu'il tança les flots irrités, il se fera soudain un grand calme ! — Dociles à sa voix, les hommes changeront leurs épées en hoyaux, et leurs hallebardes meurtrières en des instruments paisibles d'agriculture; ils se tendront, avec des larmes de joie et de repentir, des mains de fraternité: « Venez, se » diront-ils les uns aux autres, allons dans la Maison » de l'Eternel, n'avons-nous pas tous dans le Ciel un » même Père? étrangers et voyageurs ici-bas, pour- » quoi sémerions-nous de ronces déchirantes, et arro- » serions-nous de notre sang les sentiers rapides qui » nous conduisent tous vers le rendez-vous universel, » vers une même et immortelle Patrie? pourquoi nous » disputerions-nous en chemin? » *L'Eternel fera cesser les guerres jusqu'aux bouts de la terre habitable; l'Eternel rompra les arcs, il brisera les lances, il brûlera les chariots de feu:* « *Cessez, dira-t-il, cessez de combattre, et re-* » *connoissez que je suis Dieu; je serai glorifié par les* » *peuples.* » *Amen !*

Examen

DE CETTE

Importante Question:

EST-IL UN TERME A LA GUERRE,

ET CE TERME EST-IL PROCHAIN?

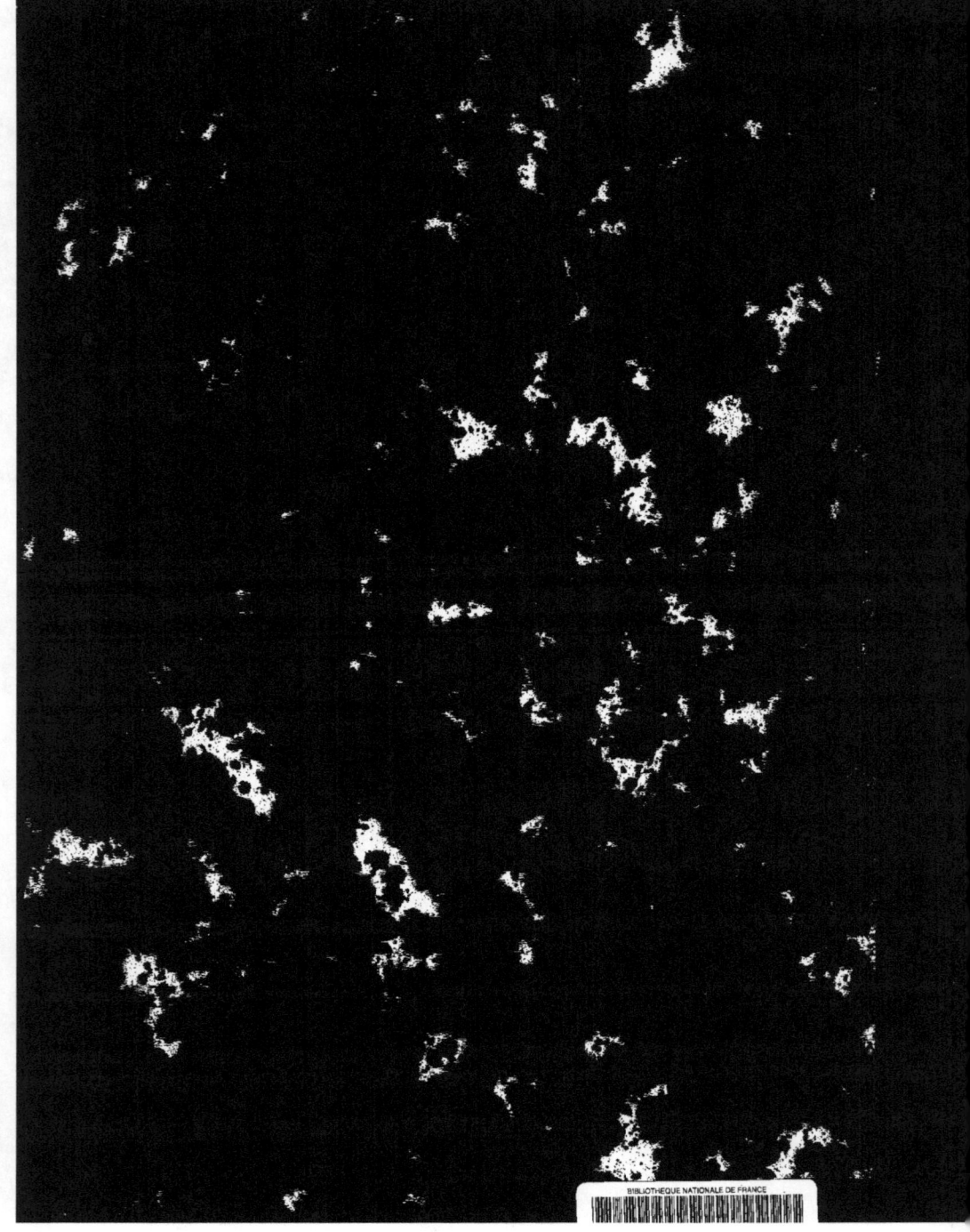

www.ingramcontent.com/pod-product-compliance
Lightning Source LLC
Chambersburg PA
CBHW060728050426
42451CB00010B/1690